# Implementierung von Smart Maintenance als Instandhaltungsstrategie. Eine Analyse

Michael Hofer

**Bibliografische Information der Deutschen Nationalbibliothek:**

Die Deutsche Nationalbibliothek verzeichnet diese Publikation in der
Deutschen Nationalbibliografie; detaillierte bibliografische Daten sind
im Internet über http://dnb.d-nb.de abrufbar.

ISBN: 9783346842800
Dieses Buch ist auch als E-Book erhältlich.

© GRIN Publishing GmbH
Nymphenburger Straße 86
80636 München

Druck und Bindung: Books on Demand GmbH, Norderstedt Germany
Gedruckt auf säurefreiem Papier aus verantwortungsvollen Quellen

Das vorliegende Werk wurde sorgfältig erarbeitet. Dennoch
übernehmen Autoren und Verlag für die Richtigkeit von Angaben,
Hinweisen, Links und Ratschlägen sowie eventuelle Druckfehler keine
Haftung.

Das Buch bei GRIN: https://www.grin.com/document/1338511

Wirtschaftsingenieurwesen B.Eng-Maschinenbau-Techniker/in

DIPLOMA Hochschule

Private Fachhochschule Nordhessen

# Analyse der Implementierung von Smart Maintenance als Instandhaltungsstrategie

**Hausarbeit**

eingereicht von

Michael Hofer

Abgabe: 06.01.2023

# Inhaltsverzeichnis

# Abbildungsverzeichnis

# Abkürzungsverzeichnis

| | |
|---|---|
| bzw. | beziehungsweise |
| d.h. | das heißt |
| et. al. | et alias |
| Hrsg. | Herausgeber |
| S. | Seite(n) |
| sog. | sogenannte(n) |
| z.B. | zum Beispiel |
| KI | Künstliche Intelligenz |

# 1 Einleitung

Smart Maintenance ist eine der wichtigsten Strategien der Industrie 4.0. Denn intelligent digitalisiert und vernetzt können Unternehmen die Lebensdauer von Maschinen und Anlagen verlängern und sie wesentlich kosteneffizienter betreiben.[1] Angesichts digitaler Innovationen und des globalen Wettbewerbs steigt der Produktivitätsdruck auch in der Industrie und damit auch die Anforderungen an die Instandhaltung. Qualität und Flexibilität sollen verbessert, Kosten und Zeit gespart werden. Smart Maintenance, ein wesentliches Element des Zukunftsprojektes Industrie 4.0, bezieht sich auf alle technischen und organisatorischen Maßnahmen, die darauf abzielen, mithilfe digitaler Tools Wartung und Instandhaltung effizienter zu gestalten und zu einer höheren Wertschöpfung des Unternehmens beizutragen.

Das Ziel von Smart Maintenance ist die Erhebung und Verknüpfung von Daten von Maschinen, Anlagen oder Gebäuden. Dazu werden technische Infrastrukturen mit Sensoren ausgestattet, die ihre Funktionsfähigkeit und Leistung kontinuierlich überwachen und die Daten an digitale Anwendungen, idealerweise eine zentrale Anwendungsplattform, übermitteln. Daraus ergeben sich diverse Nutzungsmöglichkeiten.[2]

---

[1] Vgl. ALEGER, Augmented Reality: *Smart Maintenance Beispiele und Vorteile für die Industrie, in: Website, 09.05.2022,*
URL: https://alegerglobal.com/augmented-reality/anwendungsbereiche/smart-maintenance/
zuletzt abgerufen am 20.12.2022.

[2] Vgl. Aleger, 2022.

## 1.1 Problembeschreibung

Obwohl Smart Maintenance als Kernelement der Industrie 4.0 vielversprechende Möglichkeiten bietet, nutzen bisher nur eine Minderheit deutscher Betriebe diese Technologie. Laut Digitalisierungsindex sind es gerade einmal 21 Prozent.[3] Dies stellt ein Problem dar, denn Unternehmen, die Smart Maintenance nicht nutzen, sind möglicherweise nicht in der Lage die vollen Vorteile der Industrie 4.0 zu nutzen und ihre Wettbewerbsfähigkeit zu steigern. Eine Reihe von Unternehmen verwendet zum Beispiel immer noch papierbasierte Dokumente, auf denen Instandhalter ihre Arbeit dokumentieren. Die Ergebnisse müssen von Ihnen nach ihrer Schicht manuell in das IT-System einpflegt werden, was unnötig Zeit kostet und das Risiko von Fehlern birgt.[4] Dabei haben zahlreiche Befragungen von Personen aus Industriebetrieben aufgezeigt, dass Unternehmen, die frühzeitig mit der Nutzung modernen Technologien wie Smart Maintenance beginnen, einen größeren Wettbewerbsvorteil haben.[5]

## 1.2 Forschungsfrage

Obwohl Smart Maintenance offensichtlich Vorteile bietet, kann die Einführung von dieser Technologie in bestehende Unternehmensstrukturen Probleme mit sich bringen. Viele Unternehmen fragen sich, wie sich ihre bestehende Instandhaltungsorganisation durch neue digitale Werkzeuge unterstützen lässt und ob es überhaupt möglich ist, ihre Instandhaltung „in eine vernetzte und intelligente Welt zu überführen, ohne ihre bestehende Infrastruktur, Prozesse und Systeme zu beeinträchtigen."[6] Ob eine solche Einführung rentabel ist und sich der Aufwand hinter einer Einführung lohnt, ist abzuwägen. Eingriffe in

---

[3] Vgl. Aleger, 2022.

[4] Vgl. Aleger, 2022.

[5] Vgl. Hartter, A. Tauterat, & T. Herzwurm, G. (2016). Predictive Maintenance Chancen und Risiken in der Smart Factory sowie Softwareeinsatz heute. *Stuttgarter Schriften zur Unternehmenssoftware, Nummer 4*, Seite.

[6] Weingärtner, 2022.

bestehende IT-Systeme und Produktionslinien sind erforderlich und bei großen Produktionsstraßen steigt die Komplexität der Instandhaltungsplanung erheblich, was mit hohen Investitionskosten verbunden ist. Trotzdem bieten sich langfristigen Vorteile, wenn es Unternehmen gelingt, Smart Maintenance einzuführen. Durch die Möglichkeiten zur Stillstandsreduktion, sowie Steigerung von Transparenz und Flexibilität (etwa im Ersatzteilmanagement) können Unternehmen ihren eigenen Erfolg erhöhen.[7] Wie kann die Einführung von Smart Maintenance in Unternehmen so gestaltet werden, dass sie trotz hoher Investitionskosten die langfristigen Vorteile dieser Technologie nutzen können, ohne ihre bestehende Infrastruktur zu beeinträchtigen?

**1.3 Zielsetzung der Arbeit**

Das Ziel dieser Arbeit ist die Implementierung von Smart Maintenance in Unternehmen zu analysieren. Die Arbeit soll aufzeigen, wie durch die digitale Vernetzung der Betriebsmittel die Voraussetzungen für Smart Maintenance geschaffen werden, aber auch welche möglichen Risiken und Herausforderungen das Fehlen der technologischen Grundlagen für die Einführung von Smart Maintenance bedeutet. Zum Abschluss der Arbeit wird eine Zusammenfassung der Erkenntnisse offengelegt, die eine idealtypische Vorgehensweise beschreibt, was notwendig ist, um Smart Maintenance wertstiftend und nachhaltig in die Unternehmensprozesse zu integrieren.[8]

# 2 Theoretische Grundlagen

## 2.1 Definition von Smart Maintenance

„Die Smart Maintenance beschreibt die Entwicklung der Instandhaltung im Zeitalter von Digitalisierung und Industrie 4.0. Dabei befasst sich die Smart Maintenance mit dem strategischen, taktischen und operativen Management von industriellen Produktionseinrichtungen (d. h. Anlagen, Gebäuden und technische Infrastruktur), wodurch sie einen unmittelbaren Einfluss auf die direkten

---

[7] Vgl. Weingärtner, 2022.

[8] Vgl. Weingärtner, 2022.

Erfolgsfaktoren *Zeit, Kosten* und *Qualität* eines Produktionssystems aufweist. Ebenso determiniert die Smart Maintenance auf diese Weise in hohem Umfang die Realisierung der unternehmerischen Anforderungen an Flexibilität, Innovationskraft und Risikoorientierung eines Produktionssystems. Das Ziel der Smart Maintenance ist es, die technische und ökonomische Wirksamkeit von Instandhaltungsmaßnahmen unter der ganzheitlichen Betrachtung des jeweiligen Produktionssystems zu maximieren."[9]

## 2.2 Industrie 4.0

Smart Maintenance muss im Kontext der Industrie 4.0, der vierten industriellen Revolution, verstanden werden, die si ch auf den Einsatz von Technologien wie dem Internet of Things, Künstlicher Intelligenz (KI) und maschinellem Lernen bezieht. Der Begriff Industrie 4.0 ist das Schlüsselwort für die Absicht, die industrielle Produktion zukunftstauglich zu machen. Eine zunehmende Digitalisierung und eine dadurch einhergehende Steigerung des Automatisierungsgrads sind die Werkzeuge zur Umsetzung. Smart Maintenance muss als eine Anwendung von Industrie 4.0 Technologien im Bereich der *Instandhaltung* verstanden werden, die dazu beitragen kann, Wartungskosten zu reduzieren und die Produktivität zu erhöhen. Gemäß DIN 31051 Stand 2019-06 ist die Instandhaltung die „Kombination aller technischen und administrativen Maßnahmen sowie Maßnahmen des Managements während des Lebenszyklus einer Einheit, die dem Erhalt oder der Wiederherstellung ihres funktionsfähigen Zustands dient, sodass sie die geforderte Funktion erfüllen kann."[10] Unter einer Einheit sind in diesem Zusammenhang sämtliche technischen Elemente, Baugruppen, Einrichtungen, Module und Systeme in einem Produktionssystem zu verstehen. Folglich erstreckt sich das mögliche Spektrum an Ausprägungen einer instandzuhaltenden Einheit von rudimentärsten Bauteilen (z. B. ein

---

[9] Henke, Michael: Smart Maintenance, In: *Gabler* Wirtschaftslexikon, 19.02.2018,
URL: https://wirtschaftslexikon.gabler.de/definition/smart-maintenance-54230/version-277280
zuletzt abgerufen am 23.12.2022

[10] Beuth: Grundlagen der Instandhaltung DIN 31051, in: Wissenschaftliche Fachzeitschrift, 2019,
DOI: https://dx.doi.org/10.31030/3048531, S. 4.

Zahnrad) über aus Einzelteilen aggregierte Module (z. B. ein Roboterarm) und Anlagen (z. B. eine Regalanlage) bis hin zu vollständig integrierten und vernetzten Produktionssystemen (z. B. eine Produktionsstraße).[11]

## 2.3 Instandhaltungsstrategien

Ungeplante Maschinenausfälle zählen in der Industrie zu den Hauptfaktoren für hohe Wartungskosten und niedrige Produktivität. Mit einer Strategie wird ein genauer Plan des eigenen Vorgehens entworfen und umgesetzt, um ein bestimmtes Ziel zu erreichen. Instandhaltungsstrategien sind Vorgaben, die objektbezogen beschreiben, welche einzelne Instandhaltungsmaßnahme auf welche Art und Weise durchzuführen ist.[12]

Die passende Instandhaltungsstrategie im Allgemeinen dient dazu, dass das Management bestimmte Instandhaltungsziele vorgibt, die dann erreicht werden sollen. Um Einsatzfelder der Smart Maintenance in der Instandhaltung und den damit einhergehenden Gewinn besser zu verstehen, ist es wichtig zwischen reaktiver, vorbeugender und vorausschauender Instandhaltung zu unterscheiden.

### 2.3.1 Reaktive Instandhaltung

Die Reaktive Instandhaltung ist die einfachste Form der Instandhaltung: Geht etwas kaputt, wird es repariert. Unternehmen, die eine reaktive Instandhaltungsstrategie einsetzen, warten also bewusst darauf, bis Maschinen oder Werkzeuge kaputt gehen, bevor sie diese reparieren oder ersetzen. Diese

---

[11] Vgl. Bärenfänger-Wojciechowski, Sven/Heller Thomas: Anlagenmanagement in der Smart Maintenance, in: RWTH Aachen, 2016.

[12] Vgl. Biedermann, 2008, S. 57.

Strategie stammt aus einer Zeit, in der Maschinen noch einfach gebaut waren und deshalb selten kaputt gingen und nicht oft repariert werden mussten.[13]

Das Risiko dieser Strategie ist, dass die Maschine während des Produktionsprozesses ausfallen kann. Also dann, wenn man sie dringend benötigt. Dies ist der hauptsächliche Grund, warum die Reaktive Instandhaltungsstrategie heute nur ganz selten angewendet wird.

### 2.3.2 Vorbeugende Instandhaltung

„Die vorbeugende Instandhaltung umfasst die Planung und Abwicklung von Instandhaltungsmaßnahmen grundsätzlich vor Eintritt eines bestimmten schadensbedingten Anlagenzustandes bzw. eines ungesteuerten Anlagenausfalls. Zu den Maßnahmen der vorbeugenden Instandhaltung zählen bes. Inspektion und Wartung. Aber auch vorbeugende Reparatur und vorbeugender Austausch oder sonstige vorbeugende Maßnahmen, wie z.B. Schutzanstriche oder Installation von Warneinrichtungen zählen zur vorbeugenden Instandhaltung."[14]

Die vorbeugende Instandhaltung ist die zurzeit am weitesten verbreitete Instandhaltungsstrategie. Sie hat sich über lange Jahre auch gut bewährt, obwohl sie noch viele Schwachpunkte hat.

### 2.3.3 Vorausschauende Instandhaltung

Die Innovativste Form der Instandhaltung ist die vorrauschauende Instandhaltung (engl. Predictive Maintenance). Dabei werden die Prozess- und Maschinendaten ständig und in Echtzeit erfasst und in einer Datenbank gespeichert. Eine KI-Software mit ausgewählten Algorithmen, extra für diesen Anwendungsfall programmiert, wertet und bewertet die Daten somit ständig. Durch diese Echtzeit-Verarbeitung dieser Daten werden nun Prognosen möglich.

---

[13] Vgl. IFPM, Institute: Instandhaltungsstrategien und Instandhaltungskonzepte, in: Website, 2022, URL: https://ifpm.institute/instandhaltungsstrategien-und-instandhaltungskonzepte/ zuletzt abgerufen am 20.12.2022

[14] Voigt, 2019.

D.h. beginnen überwachte Werte vom Asset abzuweichen, so bekommt die Instandhaltungsabteilung eine Meldung hierüber. Nun kann man überprüfen, warum sich verändert hat und bei Bedarf Maßnahmen treffen.[15]

Voraussetzung für die Instandhaltungsstrategie ist, dass die Maschinen vernetzt sind, also alle Maschinen ihre Daten zur Speicherung in der Datenbank bereitstellen.

---

[15] Vgl. IFPM, 2022.

# 3 Analyse der Implementierung von Smart Maintenance

### 3.1 Voraussetzungen der Integration

Smart Maintenance, also die Intelligente Instandhaltung, beschäftigt sich mit der Digitalisierung, Überwachung und Auswertung von Produktionsanlagen. Auch die technische Infrastruktur von Unternehmen kann mit einbezogen werden.[16] So sind z.B. für eine reaktive oder auch eine präventive Instandhaltung nur verhältnismäßig wenige Daten als Grundlage notwendig. Maschinenausfälle sind sofort bemerkbar und für die meisten präventiven Maßnahmen reichen Erfahrungswerte der Mitarbeiterinnen und Mitarbeiter oder Herstellerangaben zur Bestimmung des Turnus von Wartungsmaßnahmen vollkommen aus. Anders bei Smart Maintenance.[17]

Will man nun ein Smart Maintenance System im Unternehmen entwickeln, bedarf es einer gezielten Planung des Prozesses. Benötigt das System doch eine Vielzahl von Echtzeitdaten in digitaler Form.

Als erstes werden Komponenten ausgewählt, die mittels der Smart Maintenance verbessert werden sollen. Das können kritische, besonders teure oder auch einfache Komponenten sein, deren Ausfall hohe Kosten verursacht.[18] Ziel ist es, zu ermitteln ob die Anlagen bereits mit der benötigten Sensorik ausgestattet sind, bzw. ob Nachrüstungen erforderlich sind. Sobald Anlagen identifiziert sind, die in die intelligente Instandhaltung eingebunden werden sollen, startet die Einsatzbewertung. Darunter versteht man die Identifikation und Interpretation von Zustandsmerkmalen, also Parametern, die Aufschluss über den Anlagenzustand geben. Anhand der zu überwachenden Parameter kann auch die passende

---

[16] Vgl. Gensrich, Esther: Smart Maintenance – wie jetzt auch die Instandhaltung intelligent wird, in: Website, 04.10.2018,
URL: https://partner.mvv.de/blog/smart-maintenance-wie-die-instandhaltung-intelligent-wird
zuletzt abgerufen am 03.01.2023

[17] Vgl. acatech, 2015.

[18] Vgl. Gensrich, 2018.

Sensorik ausgewählt werden. Vorsicht ist bei Altanlagen geboten: Oft lohnt der Investitionsaufwand hier nicht und es sollte über eine Neubeschaffung nachgedacht werden.

Wichtig ist, dass die eingesetzten Softwarepakete die Fähigkeit zum selbstlernen besitzen. Eine kontinuierliche Verbesserung der Instandhaltung kann nur so erreicht werden. Denn nur so kann die Instandhaltung stetig besser werden.[19]

Neben einer soliden Analyse des Anlagenbestandes ist es notwendig, die Echtzeitdaten mithilfe von statistischen Risikoanalysen oder Programmen auf Basis künstlicher Intelligenz auszuwerten. Für solche Programme ist jedoch nicht nur die Eingabe von Echtzeitdaten erforderlich, sondern auch eine geeignete Basis an Historiendaten, um geeignete Modelle und Analysen aufstellen zu können. Unabdingbare Voraussetzungen sind somit die zentrale Erfassung und eine geeignete zentrale Auswertung von Daten.[20]

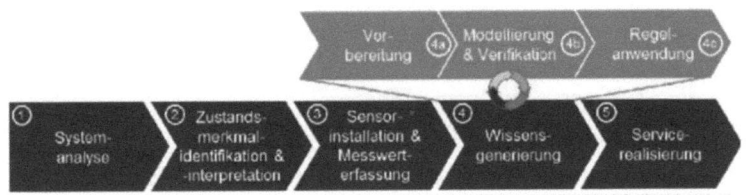

Abbildung 1: Vorgehen zur Integration Sensorik in bestehende Produktionsanlagen[21]

---

[19] Vgl. Gensrich, 2018.

[20] Vgl. Bärenfänger-Wojciechowski, Sven/Heller Thomas: Anlagenmanagement in der Smart Maintenance, in: RWTH Aachen, 2016.

[21] Köbler-Koch, J/Schreiber, M/Klimm, B/Reinhart, G: Vorausschauende Instandhaltung für Fertigungsressourcen, in: WT-Werkstatttechnik online, Jg. 108, Nr. 3, 2018, S. 157.

„Eine weitere elementare Voraussetzung für die Realisierung der Potenziale von Smart Maintenance ist die Qualifizierung der Mitarbeiter. Denn obwohl Unternehmen, die über fortgeschrittene Fähigkeiten zur Datenanalyse verfügen, fünfmal häufiger zu einer schnellen Entscheidungsfindung in der Lage sind und dreimal häufiger eine hohe Effektivität bei der Umsetzung der getroffenen Entscheidung erzielen als Unternehmen, die geringe Fähigkeiten in diesem Bereich aufweisen, verfügt nur ein Viertel der Unternehmen über Mitarbeiter mit ausreichenden Fähigkeiten zur Analyse und Interpretation der Daten der Industrie 4.0."[22]

## 3.2 Vorteile von Smart Maintenance

Es gibt viele Wege, Produktionsanlagen und -systeme mithilfe digitaler Anwendungen zu optimieren. Die Vorteile von Smart Maintenance sind jedoch immer die gleichen:

- Minimierte Ausfallzeiten für Maschinen und Anlagen
- Reduzierte (Personal-)Kosten für Wartung und Instandhaltung
- Optimierte Arbeitsabläufe
- Längere Laufzeiten und höhere Produktivität technischer Anlagen
- Höhere Flexibilität im Produktionssystem
- Höhere Innovationsfähigkeit
- Höhere Wertschöpfung[23]

Speziell aus ökonomischer Sicht sprechen folgende Argumente für die Einführung von Smart Maintenance:

Durch immer einsatzbereite Maschinen wird die Produktivität im Unternehmen hochgehalten. Kostspielige, weil ungeplante, Wartungsarbeiten entfallen. Durch

---

[22] vgl. Mankins/Sherer 2015, S.1; Schroeck et. al. 2012, S.12.

[23] Aleger, 2022.

Smart Maintenance werden die Kosten für Komponenten und Personal reduziert.[24]

Smart Maintenance ermöglicht gut geplante Wartungen und Reparaturen, was sich lebensdauerverlängernd auf die Anlagen auswirkt. Durch die dauernde Überwachung der Anlagen arbeiten die Mitarbeiter im sicheren Zustand. (Arbeitssicherheit). Unnötiger Energieverbrauch und gleichzeitiger CO2 Ausstoß wird vermieden.[25]

Dennoch wird Smart Maintenance oft noch anders bewertet:
Für viele Unternehmen ist die Instandhaltung immer noch ein Kostenfaktor und ein Notfallinstrument. Vielen Unternehmensvertreten ist heute immer noch nicht bewusst, dass eine gute Instandhaltungsstrategie zur Kostenvermeidung und zu einer besseren Verfügbarkeit der Produktionsanlagen beiträgt. Was sicher zur Umsatzsteigerung beiträgt.[26]

Obwohl die Entscheidung, ob Smart Maintenance im Unternehmen sinnvoll ist und einen Mehrwert bietet, individuell geprüft und abgewogen werden muss, ist doch davon auszugehen, dass es ein lohnender Technologieschritt ist.

---

[24] Vgl. Lambertz, Björn: Smart Maintenance, In: Website, 11.10.2019, URL: https://maint-care.de/knowhow/smart-maintenance/
zuletzt abgerufen am 04.01.2023

[25] Vgl. Lambertz, 2019.

[26] Vgl. Henke, Michael/Heller Thomas: Smart Maintenance – Der Weg vom Status quo zur Zielvision, In: acatech Studie, 2019,
URL: https://www.acatech.de/publikation/smart-maintenance-der-weg-vom-status-quo-zur-zielvision/ zuletzt abgerufen am 20.10.2022

# 4 Schlussteil

## 4.1 Zusammenfassung gewonnener Erkenntnisse

Die deutsche Akademie der Technikwissenschaften kam zu dem Schluss, dass „durch eine unvorbereitete Instandhaltung [...] die Vision Industrie 4.0 langfristig zum Scheitern verurteilt ist."[27]

Mit einer weitreichenden und tiefgreifenden Veränderung der Instandhaltung, die mit der Smart Maintenance verbunden sein wird, ergibt sich auch die Chance, neue Geschäftsmodelle sowohl für die Smart Maintenance als auch für die Industrie 4.0 zu entwickeln und zu etablieren. Instandhaltungs-Dienstleister sowie originäre Instandhalter haben die Möglichkeit, basierend auf den neuen technischen Möglichkeiten und der Anpassung an die Smart Maintenance ihre Aktivitäten und Leistungen für die Kunden zu neuen, attraktiven und hochgradig effizienten Leistungsbündeln zusammenzustellen und aktiv zu vermarkten. Um neue Geschäftsmodelle – und damit verbunden auch neue Formen der Kooperation und der Zusammenschlüsse zu Netzwerken und Konsortien – erfolgreich umzusetzen, muss dafür Sorge getragen werden, dass geeignete rechtliche Rahmenbedingungen gegeben sind. Auf diesem Weg kann die Smart Maintenance als Treiber der vierten industriellen Revolution fungieren und ermöglicht dadurch die maximale Ausschöpfung der Potenziale der Industrie 4.0.[28]

## 4.2 Handlungsempfehlungen

Unternehmen müssen sich vor der Einführung einer Smart Maintenance neben den Nutzen ebenfalls über Risiken und Herausforderungen während und nach der Implementierung im Klaren sein. Eine sichere Planung sowie verantwortliche Projektteams sind Voraussetzung, damit ein solches Projekt funktioniert.

---

[27] acatech 2015, S. 8.

[28] acatech 2015.

Außerdem müssen alle Mitarbeiter eines Unternehmens mit einbezogen werden, da ein System nur dann sinnvoll ist, wenn es akzeptiert wird.

## 4.3 Kritische Reflexion

Dennoch muss in diesem Zusammenhang auch auf die möglichen Risiken von Smart Maintenance eingegangen werden. „Eine Befragung von Anwendern nach möglichen Risiken hat hier vor allem die Datenkriminalität als größtes Risiko benannt. Darunter fällt sowohl die klassische Datenspionage (Einsicht der Daten durch unbefugten Dritten) als auch die Manipulation und Missbrauch von Daten (hacking)."[29]

Nicht außer Acht gelassen werden darf hier ebenfalls die enorme Abhängigkeit von Softwaretools, sowie einer gewissen Steigerung der Störanfälligkeit des Gesamtsystems: Unterliegen doch auch die Sensoren, die nun in einer deutlich größeren Stückzahl verbaut werden, ebenfalls einem Verschleiß, der vom Ausfall bis zur anfänglich unerkannten Fehlfunktion (Fehlmessung, Messabweichung, etc.) reicht.

Eine nicht zu unterschätzende Aufgabe ist ebenfalls der Kompetenzaufbau in den Unternehmen. „Nach einer Befragung sehen lediglich 28% der befragten Unternehmen keinen, bis einen geringen Handlungsbedarf was die Ausbildung in Bezug auf Digitalisierung betrifft."[30]

---

[29] Henke, 2019.

[30] Henke, 2019.

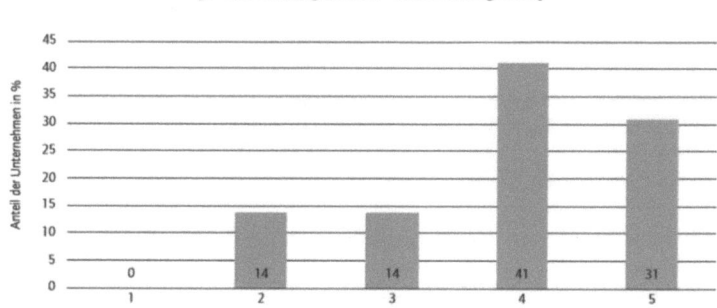

Abbildung 2: Einschätzung des Handlungsbedarfs bei Ausbildungsinhalten in Bezug auf Digitalisierung[31]

## 4.4 Ausblick

Der Weg der deutschen Industrie steht vor Enormen Veränderungen. Schlagwort Industrie 4.0. Smart Factory als intelligente Fabrik ist die gelungene Transformation dieser Aufgabe. Diese Vision umfasst auch eine Intelligente und zukunftsfähige Instandhaltung. Smart Maintenance dient somit nicht nur der Sicherung von Arbeitsplätzen und ist als Innovationsmotor und Wissensträger eine treibende Kraft in der Umsetzung von Industrie 4.0.[32]

---

[31] Henke, 2019.

[32] Vgl. Biedermann, 2007

# Literaturverzeichnis

## Monographien

Biedermann, Hubert: Managementinstrumente zur Wertsteigerung, 2. aktualisierte Aufl., TÜV Media GmbH TÜV Rheinland Group Verlag, Köln: 2008, S. 57.
ISBN 978-3-8249-1080-9

Biedermann, Hubert: *Wertschöpfendes Instandhaltungs- und Produktionsmanagement. Erfolgreich durch Innovationen in Management und Technologie,* TÜV Media, Köln: 2007.
ISBN 978-3-8249-1069-4

Henke, Michael/Heller, Thomas: *Smart Maintenance – Der Weg vom Satus quo zur Zielvision* - acatech STUDIE, utzverlag GmbH, München: 2019.
ISBN 978-3-8316-4726-2

Voigt, Kai-Ingo: Gabler Wirtschaftslexikon, 19. Aufl., Springer Gabler, Wiesbaden: 2019.
ISBN  978-3-658-19570-0

## Zeitschriftenartikel

Bärenfänger - Wojciechowski, Sven/Heller Thomas: Anlagenmanagement in der Smart Maintenance, In: RWTH Aachen, 2016,
URL: https://publications.rwth-aachen.de/record/679805/files/679805.pdf

Beuth: Grundlagen der Instandhaltung DIN 31051, in: Wissenschaftliche Fachzeitschrift, 2019, DOI: https://dx.doi.org/10.31030/3048531

Hartter, A/Tauterat, T/Herzwurm, G: Predictive Maintenance Chancen und Risiken in der Smart Factory sowie Softwareeinsatz heute, in: *Stuttgarter Schriften zur Unternehmenssoftware,* 2016,

Köbler-Koch, J/Schreiber, M/Klimm, B/Reinhart, G: Vorausschauende Instandhaltung für Fertigungsressourcen, In: WT-Werksatttechnik online, Jg. 108, Nr. 3, 2018, S. 157.
DOI: https://dx.doi.org/10.37544/1436-4980-2018-03

## Internetquellen

ALEGER, Augmented Reality: *Smart Maintenance Beispiele und Vorteile für die Industrie*, In: Website, 09.05.2022,
URL: https://alegerglobal.com/augmented-reality/anwendungsbereiche/smart-maintenance/
zuletzt abgerufen am 20.12.2022.

Gensrich, Esther: Smart Maintenance – wie jetzt auch die Instandhaltung intelligent wird, In: Website, 04.10.2018,
URL: https://partner.mvv.de/blog/smart-maintenance-wie-die-instandhaltung-intelligent-wird
zuletzt abgerufen am 03.01.2023

Henke, Michael: Smart Maintenance, In: *Gabler* Wirtschaftslexikon, 19.02.2018, URL: https://wirtschaftslexikon.gabler.de/definition/smart-maintenance-54230/version-277280
zuletzt abgerufen am 23.12.2022.

IFPM, Institute: Instandhaltungsstrategien und Instandhaltungskonzepte, In: Website, 2022,
URL: https://ifpm.institute/instandhaltungsstrategien-und-instandhaltungskonzepte/
zuletzt abgerufen am 20.12.2022

Lambertz, Björn: Smart Maintenance, In: Website, 11.10.2019,
URL: https://maint-care.de/knowhow/smart-maintenance/
zuletzt abgerufen am 04.01.2023

Weingärtner, Stefan/Hinckeldey, Tiemo: Warum und wie Sie Smart Maintenance implementieren sollten, In: Website, 01.02.2022,
URL: https://www.instandhaltung.de/instandhaltung-4-0/warum-und-wie-sie-smart-maintenance-implementieren-sollten-8-306.html
zuletzt abgerufen am 20.12.2022

# BEI GRIN MACHT SICH IHR WISSEN BEZAHLT

- Wir veröffentlichen Ihre Hausarbeit, Bachelor- und Masterarbeit

- Ihr eigenes eBook und Buch - weltweit in allen wichtigen Shops

- Verdienen Sie an jedem Verkauf

## Jetzt bei www.GRIN.com hochladen und kostenlos publizieren